KB112300

여자는
애플힙

여자는 애플힙

초판 1쇄 인쇄 | 2019년 4월 2일
초판 1쇄 발행 | 2019년 4월 9일

지은이 | 최유진
펴낸이 | 박영욱
펴낸곳 | 북오션

편 집 | 이상모
마케팅 | 최석진
디자인 | 서정희·민영선
삽 화 | 유하영

주 소 | 서울시 마포구 월드컵로 14길 62
이메일 | bookocean@naver.com
네이버포스트 | m.post.naver.com('북오션' 검색)
전 화 | 편집문의: 02-325-9172   영업문의: 02-322-6709
팩 스 | 02-3143-3964

출판신고번호 | 제313-2007-000197호

ISBN 978-89-6799-468-6 (03690)

이 도서의 국립중앙도서관 출판예정도서목록(CIP)은 서지정보유통지원시스템
홈페이지(http://seoji.nl.go.kr)와 국가자료공동목록시스템
(http://www.nl.go.kr/kolisnet)에서 이용하실 수 있습니다.
(CIP제어번호: CIP2019009645)

여자는
애플힙

최유진 지음

인스타그램
최라벨의
애플힙 시크릿

힙이 올라가면
자존감이 올라간다

북오션
콘텐츠그룹

우리가 애플힙을 만들어야 하는
"진짜" 이유

apple hip

헐리웃 등 해외에서는 '가슴'보다 '엉덩이'라는 트랜드가 오래 전부터 확산되고 있다. 브라질에서는 중학교나 고등학교를 졸업하면 여성들이 '엉덩이' 수술을 가장 많이 한다는 사실이 국내 매스컴에서 이슈가 된 적도 있었다.

한국을 포함한 아시아인의 엉덩이가 평균적으로 작은 이유는 골반이 앞쪽으로 기울어져 있지 않아서인데 백인이나 흑인은 골반이 앞으로 기울어져 있어서 엉덩이가 솟아 나와 있다. '우사인 볼트' 같은 흑인 육상선수를 보면 숨만 쉬어도 근육이 붙을 것 같은데,

이들의 신체능력이 높은 것도 사실 골반 모양이 달라서다.

그래서 독자가 선천적으로 백인과 흑인이 아니라고 책을 덮을 것인가?

No way!

아름다운 애플힙은 '누구나' 운동으로 만들 수 있다. 살펴보면 골반이 앞쪽으로 기울어진 사람, 평평한 사람 등 골반의 기울기에 따라 엉덩이가 달리 보인다.

엉덩이 근육은 걷고, 뛰고, 앉고, 서고, 움직이는 데 중요한 역할을 한다. 또한 구조적으로 허리와 다리를 이어줘 상체에서 하체로, 반대로 하체에서 상체로 힘이 이동할 수 있도록 돕는다.

우리는 지구에 사는 한 중력의 영향을 받는다. 움직일 때마다 지구와 충돌하는 셈인데 엉덩이 근육이 그 충돌 에너지를 흡수하는 역할을 담당한다. 만약 엉덩이 근육이 적다면 충돌 에너지를 다 흡수하지 못해 허리와 무릎이 같이 감당해야 한다. 그러니 허리와 무릎을 보호하기 위해서라도 엉덩이 근육을 중요시해야 한다.

애플힙을 가지면 기대할 수 있는 효과들

엉덩이 근육이 생기면 외적인 변화는 물론, 엉덩이가 본래의 기능을 되찾으므로 신진대사 개선도 기대할 수 있다.

몸매가 명품이 되면 걸치는 하나 하나가 명품이 된다

어떤 옷을 입어도 비싸 보이고 실루엣이 아름다워 보이는 여자들이 있다. 반면에 아무리 비싼 옷을 걸쳐도 가품이 아닌가 의심부터 하게 되고 어울리지 않는 여자도 있다. 바로 바디라인의 차이 때문이다. 뿐만 아니라 건강에도 좋다. 혈액순환이나 신진대사도 개선해서 부종 해소에 도움이 된다.

CHANGE

늘 움직이고 바쁜 몸을 가지게 된다

엉덩이 근육이 보다 기능적으로 쓰이면 쉽게 피곤해지지 않고, 체력이 좋다는 소리를 많이 듣게 된다. 나는 평소에 많은 업무와 미팅을 소화하면서 "일주일에 운동을 몇 시간이나 하세요?", "운동

엄청 열심히 하시나 보다"
라는 말을 많이 듣는다. 하
지만 나는 실제로 시간 내서 헬스
장이나 운동을 하러 다니
지 않는다. 엉덩이 근육
이 단련되고 나서부터
일상생활에서 계단 오
르기나 대중교통 이용
하기 등 다양한 동작이
다 편해졌다. 엉덩이 근
육을 제대로 쓸 수 있게 되면 종
아리가 필요 이상으로 붓지 않게
방지할 수 있다.

잔병이나 여러 가지 체질 개선에도 도움이 된다

엉덩이 근육을 단련하면 허리에 주는 부담이 줄어 허리 통증이
완화됐다고 말하는 사람이 많다. 통증을 줄여주는 것도 애플힙 트
레이닝의 장점 중 하나다. 골반이나 고관절의 위치를 바로잡으면
그 아래 있는 무릎관절에도 좋은 영향을 준다. O자 다리나 X자 다
리도 개선할 수 있고, 관절통이 좋아진 사람도 많다. 엉덩이 근육

이 단련되면 자연스럽게 복부 등 코어에 같이 힘이 들어가서 일상
생활에서 밥을 먹거나 일을 하거나 걷거나 숨 쉬면서도 운동이 습
관화된다는 게 가장 좋은 변화다. 엉덩이 근육과 코어 근육이 무너
지거나 단련되지 않는 여성에게 자주 목격되는 요실금이나 질방구
개선에도 큰 도움을 준다.

애플힙 만들기는 정말 어렵다. 이 책을 보기 전까지는!

나의 운동 루틴은 4년 전 경험을 계기로 달라졌다. 그때만 하더라도 열심히 관리해서 나름 몸매에 자부심이 있었는데 멋진 몸매를 가진 사람들이 전 세계에서 모여든다는 스페인 이비자로 여행을 떠나게 됐다. 그곳에서도 내 몸매가 뒤쳐지지 않을 거라 생각했는데 엄청난 착각이었다. 여성스럽게 굴곡진 완벽한 몸매를 보고 '나는 우물 안 개구리였구나'라는 걸 느꼈다. 여자인 나도 반해버릴 것만 같은 그런 몸매였다. 그렇다. 내 몸매는 글로벌 시대에 맞는 글로벌 스탠다드가 아니었다. 그 이후로 엉덩이 운동을 공부하기 시작했다. 정말 시행착오가 많았다. 공부하면 할수록 더 어려웠고, 그 전까지 내가 알던 것들이 무너져 내리는 기분이었다.

애플힙을 만들려고 처음으로 여러 가지 엉덩이 운동을 해보던 때가 떠오른다. 엉덩이 근육에는 자극이 느껴지지 않고 허리와 다리에만 힘이 들어가 정말 답답했다. 엉덩이를 보면 단순하게 좌우 양쪽 하나씩 근육이 있는 듯하지만 알고 보면 부위별로 세분화돼 있고, 허리, 다리와도 유기적으로 연결돼 움직이기 때문에 단순한 동작만으로는 예쁘고 완벽한 힙 라인을 만들 수 없다는 것을 깨달았다.

이렇게 조금씩 문제점을 해결하고 나만의 엉덩이 운동 노하우가 쌓이면서 예쁜 애플힙을 만들 수 있었다. 이후, 내가 비록 트레이너나 운동 전문가가 아님에도 불구하고 SNS에서 보고 애플힙을 만드는 운동 방법을 문의하는 사람이 많아졌다. 그것을 보고 애플힙이 여성의 매력 지수를 올려주는 필수 요소라는 것을 크게 깨달았다.

인간은 직립보행 하는 동물이라 허리와 걷는 두 다리가 정말 중요하다. 아무리 스쿼트 등으로 다리를 단련해도 나이를 먹으면 무

릎 통증이 생기거나 하체가 부실해져 사람에 따라 노년에 정형외과를 밥 먹듯이 드나들기도 한다. 아름다운 청춘 시절 엉덩이 근육을 잘 단련해 놓으면 나중에 생길 허리 통증이나 여러 가지 활동을 하다가 발생하는 부상을 비교적 일찍 예방할 수 있고, 각종 스포츠를 할 때도 퍼포먼스가 향상된다.

이 책에는 굳이 헬스장을 찾거나 집에 전문 운동 기구를 두지 않더라도 할 수 있는 동작부터 개개인의 엉덩이 모양과 원하는 엉덩이 모양에 맞는 홈트레이닝 솔루션을 담았다. 내가 몇 년 동안 겪은 시행착오를 토대로 만든 애플힙 솔루션이 그대로 들어 있는 이 책을 통해 모두모두 예쁘고 핫한 애플힙을 만들었으면 좋겠다. 100만 원짜리 명품 원피스를 살리고 못 살리고는 '힙 스타일'에 달려 있다. 이 책이 여러분을 동대문에서 산 만 원짜리 원피스도 '명품'으로 보이게 하는 명품 바디로 만들어 줄 것이다.

Contents

2 힙 운동을 위한
셀프 마사지

3 힙 운동을 위한
스트레칭

6 셀룰라이트 없는 매끈한 애플힙을 위한 전신 운동

APPLE HIP PART

01

본격적인 **힙 관리 전** 반드시 **알아야 할 것들**

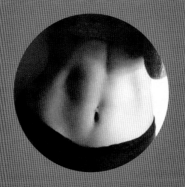

힙 관리에 들어가기에 앞서 직접 관리하면서

느끼고 배운 것들을 정리했다.

초심자부터 숙련자까지

반드시 짚고 넘어가도록 하자!

힙을 잡으려면
코어를 강화하라

apple hip

운동할 때 신체의 밸런스는 무엇보다 중요하다. 우리 몸은 블록처럼 분리돼 있지 않고 체인처럼 연결돼 있다. 체인의 한 부분이 헐렁하거나 끊어져 있으면 전체적인 안정도가 떨어지고 불균형해진다. 우리 몸도 이와 마찬가지로 한 부분이 약간이라도 틀어지거나 서로 힘을 다르게 받으면 운동할 때 안정성이 떨어져 체형이 불균형해지거나 원하는 부위에 자극을 제대로 줄 수 없게 된다. 당장 자리에서 일어나 아무 힙 운동이나 해보자. 힙브릿지, 덩키킥, 데드리프트 등등 무엇이든 해보자. 만약 당신이 힙 운동을 하는데 엉덩이보다 허리나 무릎 등에 힘이 많이 들어가고, 심지어 아프기까지 하다면 왜 그런지 생각해보자. 그 이유는 코어 근육이 제대로 작동하지 않아서다. 코어 근육과 엉덩이 근육은 떼려야 뗄 수 없는 공생 관계이기 때문에 힙 운동을 하면서 절대 코어 근육 단련을 빼놓아서는 안 된다. 척추와 골반 주변의 근육은 엉덩이 근육이 힘을 파워풀하게 낼 수 있게 도와주는 역할을 한다. 호흡, 자세 유지, 해당 근육에 대한 집중, 통증 완화, 힙 운동 수행 능력 강화 등 모든 것이 튼튼한 코어 근육에서 나오는 것이다. 즉, 힙 운동을 더 잘할 수 있게 도와준다. 코어 근육을 먼저 강화하지 않고 무작정 엉덩이 운동만 해서는 안 된다는 의미다. 우선 몸의 중심을 잡아주고 안정성을 부여하는 코어 근육을 강화하고 엉덩이 운동을 해야 정확히 자극할 수 있다. 체인이 단단하게 고정돼 있는지 확인하듯이, 운동하기 전에 우리 몸 중심을 잡아주는 코어가 잘 잡혀 있는지 반드시 신경 써야 한다. 애플힙을 만들고 싶다면 내 코어 근육은 안녕한지부터 살펴보자.

스쿼트와 런지를 하면 엉덩이는 그대로고
왜 다리만 두꺼워질까?

TV나 SNS에서 몸짱 언니 오빠들이 나와 힙업에 좋다며 추천해주는 스쿼트와 런지. 많은 사람들이 출근 전, 혹은 퇴근 후 피곤한 몸이지만 뭐라도 해서 힙업 한번 해보자는 심정으로 그들이 하는 동작을 따라 하며 다음날이면 내 엉덩이도 봉긋 솟아오르지는 않을까 기대해본다.

하지만 돌아오는 건 허벅지 앞쪽의 근육통뿐이다. 가뜩이나 군살 때문에 허벅지 앞이 볼록 튀어나오는데, 더 튀어나올 것만 같은 기분이 들진 않았는가? 만약 당신이 힙업 운동으로 스쿼트와 런지를 열심히 하는데도 엉덩이는 그대로고 앞 허벅지만 열일 한다면 무언가 잘못됐다는 것을 깨달아야 한다. 모든 학습에는 단계와 순서가 있다. 운동도 마찬가지다. 사실 스쿼트와 런지는 중, 상급자 운동이다. 온몸에 있는 근육을 자유자재로 잘 활용하는 사람들은 어떤 하체 운동을 하더라도 엉덩이로 자극을 전달할 수 있는 힘이 있다.

하지만 오랜 시간 동안 앉거나 서서 일하는 사람들, 그 밖의 근육을 제대로 써본 적 없는 사람은 근육의 활용도가 낮고 약하다. 즉, 어떤 운동이 먼저고 제일 효과가 좋은지를 잘 모르는 상태다. 이런 상태에서 스쿼트와 런지 같은 다관절 운동을 하면 우리 뇌는 상대적으로 크고 힘이 센 근육인 허벅지 근육을 많이 개입시킨다. 이 상황이 반복되다 보면 허벅지 근육이 지속적으로 뭉치고, 이는 힙업 운동을 계속 방해하는 요소가 된다. 우리 몸은 평소 움직임에 익숙해져 있다. 오른손잡이가 왼손을 사용하는 것보다 오른손을 사용하는 게 편한 것처럼 말이다. 오랜 좌식 생활과 운동 부족 탓에 엉덩이 근육은 말 그대로 잠들어 있었다. 이 상태에서 운동을 하면 그 동안 익숙하게 사용하던 근육을 가장 먼저 사용하게 된다. 대부분 엉덩이 근육보다 다리 근육을 사용하는 게 익숙하기 때문에 스쿼트나 런지를 해도 다리 근육을 더 많이 사용하게 되는 게 당연하다. 그렇기 때문에 익숙한 패턴 탓에 굳어진 다리 근육을 충분히 스트레칭과 마사지로 풀어주고, 이후 엉덩이에 단계별로 자극을 주어 새로운 패턴을 만드는 것이 매우 중요하다.

애플힙을 위해 꼭 먹어야 하는
음식 리스트

아름다운 애플힙을 만들기 위해서는 지방이 필수!

많은 여성들이 운동을 하거나 식이요법으로 다이어트를 하면서 "살을 빼서 예뻐지고 싶다"라는 마음을 먹는데 그 결의와 마음가짐은 정말 칭찬하고 응원한다. 하지만 꼭 전하고 싶은 말이 있다.

"지방을 없애는 것 = 살이 빠지는 것 = 아름답고 여성스러운 몸이 된다"

라는 공식은 '아니'라는 것이다.

'살이 빠지면 무조건 예뻐진다'고 착각하기 쉬운데 먼저, 본인의 몸을 제대로 아는 것이 중요하다.

예를 들면, 체중이나 체지방은 표준인데도 옷으로 배를 감추고 있거나, 벗으면 볼품 없는 몸매를 가진 여자들이 있다. 이런 몸매를 가진 여자들은 대부분 뱃살을 없애고 싶어서 다이어트를 하는데 몇 개월간 살을 빼다 보면 뱃살은 조금 줄어들지언정 얼굴살과 가슴살 엉덩이살이 쭉 빠져버려 활력이 없고 생기가 없어 보이는 인상으로 바뀌기 쉽다.

운동도 운동이지만 그에 맞는 영양소를 섭취하는 게 매우 중요하다. 지방 이외에도 특히나 단백질, 아미노산, 비타민 섭취는 필수라고 할 수 있다.

필수 단백질: 메추리알

메추리알에는 단백질이 풍부하게 함유돼 있다. 또한 동일한 양의 달걀 대비 비타민, 철분, 엽산의 함량이 높고, 크기가 작아 요리하기도 먹기도 매우 편한 장점이 있다. 메추리알 껍질은 우리 몸에 흡수되지 않고 위나 장에 상처를 낼 수 있으니 깨끗이 제거한 후 먹는 것이 좋다.

필수 비타민: 브로콜리

근육의 성장과 유지에 반드시 필요한 단백질은 비타민과 함께 섭취해야 그 흡수량이 더 늘어난다. 브로콜리에는 눈 건강과 체력 회복에 도움이 되는 비타민 A, C가 풍부하게 함유돼 있고, 나트륨 배출을 돕는 칼륨 성분이 많아 다이어트할 때 도움이 된다. 간편하게 데쳐먹거나 각종 요리에 넣어 먹기 좋으니 식단에 반드시 넣도록 하자.

필수 아미노산: 콩

완전 식품으로 알려진 단백질 음식인 콩에는 아르기닌, 글루타민과 같은 필수 아미노산이 다량 함유돼 있다. 아미노산은 운동하면서 보충제로 따로 섭취하기도 할 정도로 근성장에 도움이 되는 성분이다. 고소한 맛이 느껴지는 병아리콩, 다양한 요리와 자연스럽게 어울리는 렌즈콩 등 다양한 종류가 있으니 기호에 맞게 선택해 꾸준히 섭취하는 것이 좋다.

유산소운동, 열심히 해도
왜 체중은 그대로일까?

apple hip

유산소운동은 체지방 감량에 효과적이라고 알려져 있는 운동 방법이다. 하지만 사람마다 활동대사량, 근육량, 체지방량이 모두 다르기 때문에 어떠한 기준 없이 유산소 운동만 꾸준히, 오래 한다고 해서 체중이 쉽사리 줄어들지 않는다. 먼저 유산소운동은 최대 심박수의 70퍼센트 이상을 유지할 정도의 강도로 해야 지방이 연소되기 시작한다. 걷기나 산책 같은 저강도의 유산소 운동(최대 심박수의 50퍼센트)은 지방이 효과적으로 연소되지 않는다. 다시 말해 오랜 시간 유산소운동을 하기보다, 숨이 찰 정도의 심박수를 유지해야 효과적으로 체지방이 연소한다는 뜻이다. 또한 근력운동을 하지 않고 유산소운동만 하면 근육량이 줄고 탄력이 떨어질 수 있으니 반드시 근력운동과 영양섭취를 충분히 병행하자.

최대 심박 수=220-자신의나이

예) 나이 30세

220-30=190(최대 심박 수)

최대 심박 수의 70퍼센트=133(190×0.7)

측정방법

손목이나 목에서 맥박을 10초간 체크×6

예) 10초 맥박 수=20×6=120

나의 하루
단백질 섭취량 알아보기

apple hip

근육량과 탄력을 늘리려면 운동도 중요하지만 단백질을 잘 섭취
해야 한다는 건 잘 알려진 사실이다. 하지만 얼마나 어떻게 먹어야
하는지 모르는 사람이 많다. 무조건 많이 먹는다고 좋은 것이 아니
다. 그렇다면 단백질을 하루에 얼마나 섭취하는 것이 효과적일까?

목적	근육량 유지	근육량 증가
하루 단백질 섭취량	몸무게 1kg 당 1g~1.5g	몸무게 1kg 당 1.5g~2g

이때 단백질은 한꺼번에 섭취하는 것이 아니라 하루에 끼니마다 나눠서 섭취하는 것이 좋으며, 몸무게별로 차이가 있지만 최소 하루에 단백질 50g~80g 정도는 꼭 섭취하는 것이 좋다. 하단의 도표를 참고해 식단을 구성할 때 적정량의 탄수화물과 함께 권장양의 단백질만큼은 반드시 포함하도록 하자.

대표적인 단백질 식품	단백질 함량
닭가슴살 손바닥 정도 크기 (100g)	23g
삶은 계란 1개 (노른자 포함)	5g
연어 손바닥 정도 크기 (100g)	20g
참치캔 (150g)	30g
돼지 안심 1인분 (200g)	40g
쇠고기 등심 1인분 (200g)	40g

운동 전/후에 먹으면
좋은 음식들

apple hip

운동 전

커피 – 운동 지구력 향상

커피의 주성분이라고 할 수 있는 카페인이 탄수화물보다 지방을 먼저 에너지원으로 사용하도록 근육을 자극하므로 운동 전에 커피를 마시면 운동에 도움이 된다. 또한 운동 중에 생기는 피로감을 최고 60퍼센트까지 줄일 수 있는데, 이는 커피 속 카페인이 우리 몸의 신진대사를 촉진하기 때문이다. 운동 한 시간 전 시럽이나 크

림이 들어가지 않은 아메리카노 또는 라떼 한 잔 정도 마시는 것이
좋다.

귀리 – 운동에 필요한 에너지 유지

귀리에는 베타글루칸과 식이섬유가 풍부해 오랫동안 소화되므
로 운동하는 동안 혈당과 에너지 수준을 안정적으로 유지하도록 돕
는다. 또한, 백미에 비해 단백질을 3배, 식이섬유를 6배 더 많이 함
유하고 있어 운동 전 백미를 포함한 부담스러운 식사를 하는 것보
다 여러모로 낫다. 운동 2~3시간 전에 귀리를 뜨거운 물이나 우유
에 섞어 시서한 과일과 함께 배부르지 않을 정도로 섭취하는 것이
좋다.

운동 후

생강 – 근육통 완화

생강의 진저론 성분은 강력한 소염 효과가 있어 운동 때문에 생
긴 근육통을 풀어주는 데 탁월하다고 알려져 있다. 운동 후 항상
섭취하기보다는 일상생활이 힘든 근육통이 올 정도로 강도가 높은
운동을 한 뒤 따뜻한 생강차를 한 잔 마시는 게 좋다. 일반적으로

근육통은 근육의 크기에 따라 24~48시간 뒤에 나타나기 때문에 운동 당일과 24시간 후에 걸쳐 섭취하는 것을 권장한다.

연어 – 근 손실 방지

슈퍼푸드로 잘 알려져 있는 연어는 100g당 22g의 풍부한 단백질이 함유하고 있어 심한 운동 후 근육 손상을 방지하고 근 회복을 촉진한다. 또, 신진대사 및 인슐린 저항성을 개선하는 오메가-3 지방산이 풍부하며 단백질 흡수를 돕는 비타민 B도 많이 들어 있기 때문에 단백질만 섭취하는 것보다 근 회복에 아주 좋다.

하체 운동과 힙 운동은
분리돼야 한다

'엉덩이 기억상실증'이라는 말이 있다. 엉덩이 근육을 하도 안 쓰고 방치해두는 바람에 쉽게 말을 듣지 않고 원래 쓰임에 대한 기억을 상실한 현상을 말한다. 말을 듣지 않는 학생을 억지로 이끌려고 하면 반항하기 마련이다. '어떻게든 힘이 들어가겠지!'라는 생각으로 무작정 하체 운동을 해봤자 엉덩이는 반응하지 않을 것이다.

따라서 먼저 엉덩이 근육만 최대한 쓸 수 있는 동작을 따로 취해줘야만 한다. 하체 운동에 끼워 넣을 것이 아니라 따로 메인 운동으로 취급해야 한다는 뜻이다. 그래야 엉덩이 근육이 점점 힘을 찾

고 반응하게 된다. 스쿼트나 런지를 먼저 하지 말고 힙브릿지나 스
탠딩 사이드킥 같은, 상대적으로 따라 하기 쉽고 간결한 운동을 해
주자. 동작할 때 무릎관절의 개입이 적고 움직이는 범위도 적어서
엉덩이 근육이 더 잘 반응할 것이다.

힙은 2D가 아니라
3D다

어느 근육이나 마찬가지겠지만 특히나 엉덩이 근육은 아주 입체적인 3D 근육이다. 엉덩이 근육이 잘 발달된 사람들을 보면 어느 면에서 봐도 빈틈없는 볼륨감을 확인할 수 있다. 즉, 엉덩이 근육은 평평한 면에 평평하게 붙어 있는 단순한 2D 근육이 아니기에 정말 다양한 각도에서 다양한 방법으로 자극해줘야 한다.

꼬리뼈부터 골반 능선, 그리고 다리뼈까지 아름답게 붙어 있는 이 근육은 개수가 무려 6조각이나 된다. 따라서 힙업 운동을 할 때 원래 하던 방식대로만 하지 말고 먼저 내가 부족한 엉덩이 근육 부

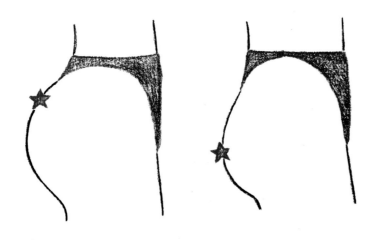

위가 어디인지 눈으로 체크하고 부족한 각도를 찾아 그 부분을 집
중 공략해보자.

발과 무릎의 각도가
중요하다

힙브릿지라는 운동이 있는데, 이 운동 동작 이름 앞에는 여러 가지 명칭이 붙는다. '와이드', '내로우', '스탠다드' 등의 명칭인데, 이것이 의미하는 바는 바로 발과 무릎의 각도다.

발과 무릎의 각도에 따라 엉덩이 근육의 움직임 방향과 자극되는 부위가 달라진다. 사이드킥 운동을 하며 발의 날로 차는지, 발뒤꿈치로 차는지, 데드리프트 운동을 하며 양발을 45도 바깥으로 벌려서 하는지, 발을 11자 혹은 모아서 하는지 등등 여러 가지 각도에 따라 바깥쪽, 안쪽, 정면, 아래쪽, 위쪽 다방면으로 운동할 수 있다. 힙업 운동을 할 때 무작정 "양발을 어깨넓이로 벌려주시고요"와 같은 기본적인 자세만 따를 것이 아니라, 다양한 발과 무릎의 각도, 너비 등을 다양하게 바꿔가며 스마트하게 힙업 운동을 해야 하는 것도 놓쳐서는 안 되는 포인트다.

힙을 쥐어짜는 운동만 한다고
힙이 예뻐질까?

apple hip

    근육은 수축과 이완 동작을 통해 강화되고 발달된다. 쉽게 말해 힙을 쥐어짜는 동작을 통해 힙업 효과를 높일 수 있다. 하지만 이 것보다 선행해야 할 동작이 있다. 바로 버티기 동작이다.

    대부분의 힙업 운동 초심자가 엉덩이에 자극을 못 느끼고 감을 못 잡는 이유가 이 버티기 동작에 소홀해서다. 버텨주는 동작을 통해 내가 해당 부위에 힘을 잘 주고 있는지, 틀어져서 불균형하게 힘을 주고 있는 것은 아닌지 체크해야 한다. 그러지 않으면 당신의 힙업 운동은 효과는 없고 그저 허공에서 다리만 왔다 갔다 하는 보여주기 식 동작으로 끝나게 된다. 힙업 운동의 효과를 100퍼센트 보고 싶다면 먼저 제대로 버텨주는 동작을 한 다음에 쥐어짜는 동작을 해주자.

힙라인과 볼륨감을
동시에 살려주어야 한다.

힙업 운동 초심자들이 특히 많이 간과하는 부분이다. 입문자를 가만히 살펴보면 힙업 운동을 한답시고 집이나 헬스장에서 주구장창 킥 동작만 한다. 물론 아주 효과가 없지는 않다. 하지만 이것은 마치 통 안의 물을 퍼내는데 작은 숟가락으로 퍼 올리는 꼴과 같다. 물론 이것도 물을 퍼내는 하나의 방법이지만, 큰 국자로 한번에 퍼내는 쪽이 시간을 더 아낄 수 있다.

게다가 위에서 언급한 운동은 힙의 볼륨업보다는 힙라인을 예쁘게 다듬을 때 많이 사용하는 동작들이다. 볼륨업을 하려면 힙 운동에 대한 다른 접근이 필요하다. 적은 개수를 하더라도 엉덩이에 걸리는 힘을 더 크게 해야만 엉덩이 자체의 부피가 커진다. 이 힘을 강하게 주려면 케틀벨, 덤벨, 바벨 등 중량감이 있는 도구를 이용해 힙업 운동을 해야 한다. 맨몸운동만으로는 느낄 수 없던 자극을 느낄 수 있을 것이다. 그리고 세라밴드나 루프밴드같이 탄성이 있는 소도구로도 자극을 극대화할 수 있다. 이러한 소도구를 쓰면 엉덩이 속 근육까지 전부 자극해 내실 있고 탄탄한 힙을 만들 수 있다.

여자는 애플힙
100% 활용하기

관리 순서

파트2 마사지 (3개~4개) – 파트3 스트레칭 (2개~3개) – 파트4 강화 운동
(1개~2개) – 파트5 힙 운동 (3개~5개) – 파트6 전신 운동 (1개~2개)

총 관리 시간은 15분~60분 사이로 진행하는 것이 좋으며 파트별
로 동작의 개수는 자유롭게 조정할 수 있으나, 파트별로 이어지
는 순서는 반드시 지켜야 한다. 개인 스케줄, 원하는 운동 강도에
따라 파트별 동작의 개수를 조정하도록 한다. 운동 횟수는 짧게
라도 주 2~3회, 중간에 하루에서 이틀 정도의 휴
식기를 가지면서 나누어 진행하
는 것이 좋다.

★ APPLE HIP PART ★

02

힙 운동을 위한
셀프 마사지

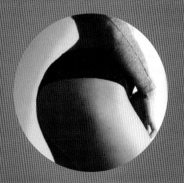

운동 전에 평소 습관, 잘못된 자세, 생활 패턴 등의 이유로
나도 모르게 뭉쳐 있는 여러 근육을 잘 풀어주어야 한다.
특히 이 책에 소개하는 근육 부위는 많이 뭉쳐 있을수록
효과적인 엉덩이 운동을 방해하기 때문에 필수적으로 풀어주어야 한다.
폼롤러, 마사지볼을 활용한 부위별 셀프 마사지를 통해
체형 불균형, 통증, 부상을 예방하고 운동의 퀄리티를 높여보자!

힙 운동을 위한 셀프 마사지
등

---

apple hip

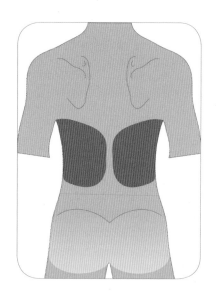

폼롤러 위에 날개 뼈 아랫부분을 대고
손을 깍지 껴 머리 뒤에 둔다.

양손으로 머리를 살짝 당겨주고
등 전체를 위아래로 롤링해준다.

• 호흡 자연스럽게
• 30초 3회 반복

힙 운동을 위한 셀프 마사지
척추기립근

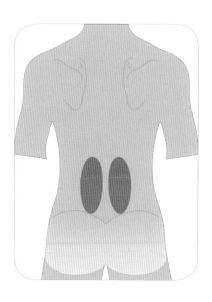

허리 아래에 폼롤러를 두고
손을 깍지 껴 머리 뒤에 둔 채 눕는다.

상체는 고정하고 하체를 좌우로 돌리면서
허리를 자극해준다.

- 호흡 자연스럽게
- 30초 3회 반복

힙 운동을 위한 셀프 마사지
골반옆

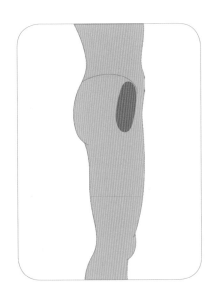

apple hip

폼롤러 위에 골반 옆쪽을 대고
사진과 같은 자세를 만든다.

바닥을 짚은 팔과 발을 고정해
몸을 위아래로 움직여 롤링해준다.

• 호흡 자연스럽게
• 양쪽 20초씩 3회 반복

힙 운동을 위한 셀프 마사지
허벅지 앞쪽

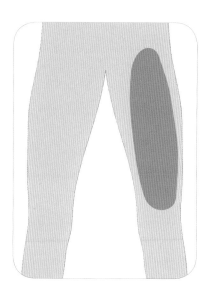

양 허벅지 앞 부분을
폼롤러 위에 대고 엎드린다.

양 팔로 바닥을 지지하며
위아래로 롤링한다.

• 호흡 자연스럽게
• 20초 3회 반복

힙 운동을 위한 셀프 마사지
허벅지 옆쪽

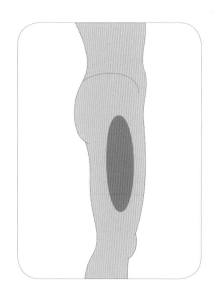

허벅지 옆 부분을 폼롤러 위에 대고
사진과 같은 자세를 만든다.

바닥을 짚은 팔과 발을 고정하고
몸을 위아래로 움직여 롤링해준다.

• 호흡 자연스럽게
• 양쪽 20초씩 3회 반복

힙 운동을 위한 셀프 마사지
허벅지 안쪽

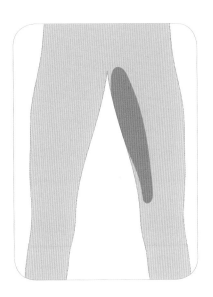

다리를 구부려 허벅지 안쪽 부분을
폼롤러 위에 대고 엎드린다.

양 팔로 바닥을 지지하며
허벅지 안쪽을 좌우로 롤링한다.

- 호흡 자연스럽게
- 양쪽 20초씩 3회 반복

힙 운동을 위한 셀프 마사지
허벅지 뒤쪽

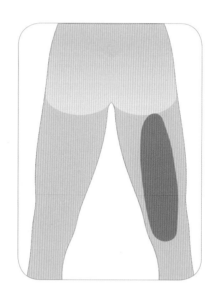

허벅지 뒤쪽을
폼롤러 위에 대고 앉는다.

B

양 팔로 바닥을 지지하며
위아래로 롤링한다.

- 호흡 자연스럽게
- 양쪽 20초씩 3회 반복

힙 운동을 위한 셀프 마사지
요방형근

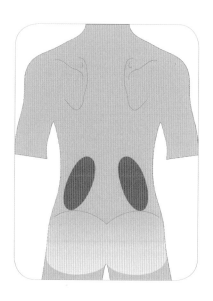

A. 바닥과 허리 사이에 마사지볼을 두고 누워 마사지볼을 댄 쪽
　다리를 양손으로 당겨준다.

B. 호흡을 뱉으며 허리 안쪽으로 느낌이 오도록 자극해준다.

• 호흡 자연스럽게
• 양쪽 20초씩 3회 반복
• 통증이 심할 경우 폼롤러로 바꾸어 진행한다.
• 척추를 누르지 않도록 주의한다.

힙 운동을 위한 셀프 마사지
장요근

apple hip

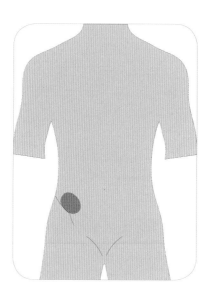

골반 앞쪽에 마사지볼을 두고
두 손 위에 이마를 대고 엎드린다.

마사지볼은 댄 쪽 다리를 구부려
골반 앞쪽을 눌러주듯이 자극을 준다.

- 호흡 자연스럽게
- 양쪽 20초씩 3회 반복

힙 운동을 위한 셀프 마사지
종아리

apple hip

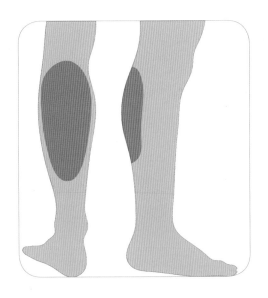

종아리 아래 쪽에
마사지볼을 두고 자세를 만든다.

반대쪽 다리를 마사지볼을 댄 다리 위에 두고
눌러주며 자극한다.
통증이 심할 경우 폼롤러로 바꾸어 진행한다.

- 호흡 자연스럽게
- 양쪽 20초씩 3회 반복

힙 운동을 위한 셀프 마사지
전경골근

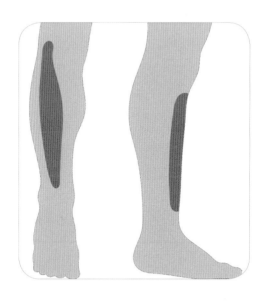

마사지볼을 양손으로 잡아
정강이 뼈 바깥쪽 근육에 댄다.

뼈 바깥쪽을 꾹 누르면서 아래 위로 골고루 풀어준다.
통증이 있는 부위를 10초간 지그시 눌러준다.
정강이뼈를 누르지 않도록 주의한다.

• 호흡 자연스럽게
• 양쪽 20초씩 3회 반복

힙 운동을 위한 셀프 마사지
발바닥

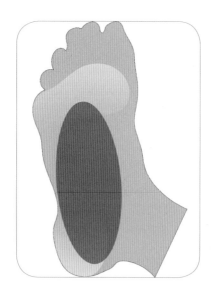

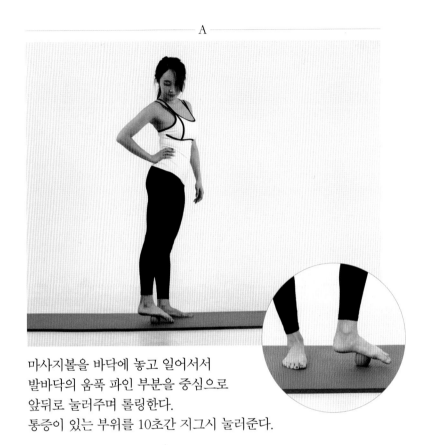

마사지볼을 바닥에 놓고 일어서서
발바닥의 움푹 파인 부분을 중심으로
앞뒤로 눌러주며 롤링한다.
통증이 있는 부위를 10초간 지그시 눌러준다.

tip

• 호흡 자연스럽게
• 양쪽 20초씩 3회 반복

APPLE HIP PART

03

힙 운동을 위한
스트레칭

마사지 후 스트레칭은 필수!
단단하게 뭉친 근육을 폼롤러, 마사지볼로 어느 정도 풀어주었다면,
이어지는 스트레칭을 해서
근육이 좀 더 잘 움직이게끔 하는 것이 중요하다.

힙 운동을 위한 스트레칭
흉추 가동성

A. 다리를 90도로 접고 양팔은 앞으로 뻗어준 상태로 옆으로 누워준다.

B. 호흡을 뱉어주며 위 쪽에 있는 팔을 반대편으로 넘겨준다.

C. 호흡을 들이마시면서 천천히 제자리로 돌아간다.
   시선은 움직이는 손 끝을 따라간다.
   골반이 같이 따라가지 않게 주의한다.

• 호흡 자연스럽게
• 양쪽 각각 10회 3세트

힙 운동을 위한 스트레칭
요방형근

A. 무릎을 구부려 올린 자세를 만들어 눕는다.

B. 상체는 고정하고 호흡을 뱉으며 시선과 다리를 반대로 향하게 돌려준다.

C. 반대쪽으로도 동일하게 진행한다.

• 양쪽 각각 15초 유지, 2회 반복

힙 운동을 위한 스트레칭
장요근

A. 한쪽 다리 무릎은 바닥에 대고 반대쪽 다리는 무릎을 접어 앞
으로 뻗어준다.

B. 호흡을 뱉으며 골반을 앞으로 눌러주는 느낌으로 밀어준다.
골반이 틀어지지 않게 주의한다.

• 양쪽 15초 유지, 3회 반복

힙 운동을 위한 스트레칭
이상근

apple hip

A. 한쪽 다리를 90도로 접어 몸 앞에 두어 자세를 만든다.

B. 호흡을 뱉으며 상체를 숙여준다.
   골반이 틀어지지 않게 주의한다.

• 양쪽 15초 유지, 3회 반복

힙 운동을 위한 스트레칭
허벅지 앞쪽

A. 중심을 잡고 옆으로 눕는다.

B. 발목을 잡아 뒤꿈치가 엉덩이에 닿도록 당겨준다.
   호흡을 뱉어주며 허리가 꺾이지 않도록 유지한다.

• 양쪽 15초 유지, 3회 반복

힙 운동을 위한 스트레칭
허벅지 옆쪽

apple hip

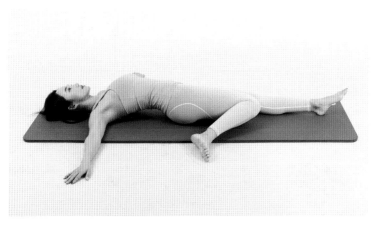

A. 다리를 구부려 바깥쪽을 향하게 하고 앉는다.

B. 구부린 다리 무릎이 최대한 바닥에서 뜨지 않도록 하며 바닥에 그대로 누워 자세를 유지한다.

- 양쪽 15초 유지, 3회 반복

힙 운동을 위한 스트레칭
허벅지 안쪽

A. 팔꿈치는 바닥에 대고 양쪽 다리를 벌려 무릎을 대고 엎드린다.

B. 호흡을 뱉으며 엉덩이를 발 쪽으로 눌러주며 허벅지 안쪽을 늘려준다.

C. 호흡을 들이마시며 제자리로 돌아온다.
   허리가 꺾이지 않도록 주의한다.

• 10회 반복

힙 운동을 위한 스트레칭
허벅지 뒤쪽

apple hip

A. 무릎을 구부려 허벅지 뒤쪽을 잡고 누워준다.

B. 몸에 힘을 빼고 호흡을 뱉으면서 무릎을 펴준다.
무릎이 구부러지지 않도록 최대한 펴준 상태를 유지한다.

• 양쪽 15초 유지, 3회 반복

힙 운동을 위한 스트레칭
종아리

A. 다리를 꼬아 선다.

B. 뒤쪽의 다리를 최대한 뒤로 밀어 주는 느낌으로 상체를 숙이
면서 늘려준다.

• 양쪽 15초 유지, 3회 반복

APPLE HIP PART
04

힙 운동을 위한
강화운동

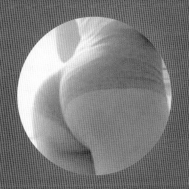

부위별로 마사지와 스트레칭을 모두 끝냈다면,
본격적인 힙 운동을 하기 전 간단한 강화 운동 동작을 통해 힙 운동에
필요한 균형 감각과 근력을 효과적으로 늘리는 과정을 진행한다.
특히 코어 근육 강화와 밸런스 강화는 이후 나올
운동 동작마다 쓰이므로 확실하게 짚고 넘어가는 것이 중요하다!

힙 운동을 위한 강화운동
코어 강화

apple hip

가장 중요한 코어 강화!
간단하지만 효과적인
두 가지 운동 동작을 통해
이어서 진행할 힙 운동의 퀄리티를 높여보자.

머리-등-골반을 일직선으로 맞춰 바닥에
양손과 무릎을 대고 엎드린다.

반대 팔과 다리를 뒤로 뻗어 자세를 유지한다.
호흡을 뱉으면서 복부를 쥐어짜는 느낌으로 힘을 집중한다.

• 양쪽 20초 유지, 3회 반복

바닥에 누워 양팔을 뻗고 다리는 90도로 구부려준다.

한 팔을 귀 옆으로 이동하면서 반대편 다리는 위로 뻗어준다.

호흡을 뱉으며 제자리로 돌아와 반대쪽도 똑같이 진행한다.
허리가 바닥에서 뜨지 않도록 복부에 힘을 유지한다.

• 20회 반복 3세트

힙 운동을 위한 강화운동
고관절 유연성 강화

apple hip

A

양 다리를 어깨 너비보다 넓게 벌려 앉는다.

호흡을 뱉으며 한쪽 무릎을 바닥에 닿도록 눌러 골반을 돌려준다.

C

시선은 바깥쪽 발을 바라보며 반대쪽으로 동일하게 진행한다.

• 20회 반복 3세트

힙 운동을 위한 강화운동
중둔근 강화

apple hip

A

바닥에 양손과 무릎을 대고 엎드린다.

호흡을 뱉으면서 다리를 바깥쪽으로 들어올린다.
호흡을 들이마시면서 제자리로 돌아온다.

• 양쪽 각각 15회 3세트

힙 운동을 위한 강화운동
밸런스 강화

tip
- 양쪽 20초 유지
- 3회 반복

양팔을 뻗고 한 발로
균형을 잡으며 버틴다.

힙 운동을 위한 강화운동
무너진 발 아치 살리기

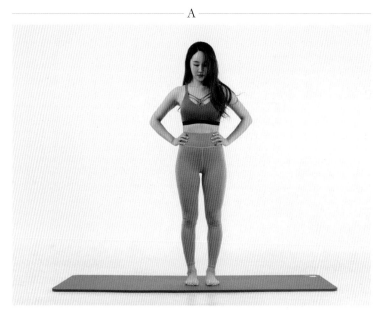

발가락을 최대한 펴준다.

발꿈치를 들고 발가락으로 바닥을 꽉 누르면서 선다.
천천히 원래 자세로 돌아와 반복한다.

• 10회 3세트

★ APPLE HIP PART ★

05

힙 모양별
맞춤 운동 방법

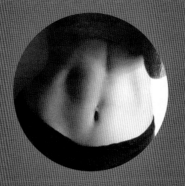

힙이라고 다 같은 힙이 아니다!
5가지 서로 다른 힙 모양 케이스에 따라
나의 힙 모양에 최적화된 운동 프로그램으로
효과적인 애플힙을 만들어보자.

나의 힙 모양
알아보기

apple hip

　사람마다 힙의 모양은 다 다르다. 이 책에서는 크게 다섯 가지 경우로 힙의 모양을 나누었다. 대부분 한 가지 경우에만 해당하기 보다는 복합적이기 때문에 어떤 모양인지 불분명할 경우 볼륨감과 라인감을 만들고 싶은 부위를 위주로 운동해주는 것이 좋다.

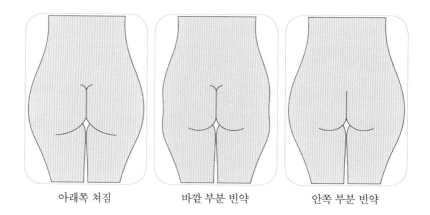

아래쪽 처짐   바깥 부분 빈약   안쪽 부분 빈약

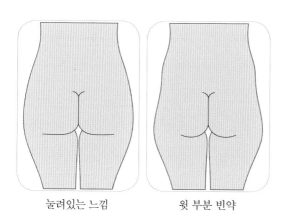

눌려있는 느낌   윗 부분 빈약

힙 모양별 맞춤 운동 방법
아래쪽이 쳐진 경우

apple hip

굿모닝 엑서사이즈

사이드런지

와이드 스모 덤벨 데드 리프트

와이드 스플릿 스쿼트

굿모닝 엑서사이즈

A

양손을 깍지 끼워 머리 뒤에 대고 다리를 어깨 너비만큼 벌리고 선다.

B

뒷 공간을 밀어낸다는 느낌으로 엉덩이를 빼준다.

호흡을 크게 내쉬며 복부에 힘을 주어 원래 자세로 돌아온다.
엉덩이를 뒤로 뺄 때 등, 골반이 말리지 않도록 해준다.
복부 힘을 유지한다.

• 20회 4세트

사이드런지

A

어깨 너비보다 넓게 다리를 벌려 선다.

B

몸의 중심을 오른쪽으로 이동하면서 그대로 엉덩이를 뒤로 빼준다.
이때 구부린 다리의 무릎과 발은 같은 방향을 본다.

호흡을 내뱉으며 반대 다리의 허벅지 안쪽이
늘어나는 느낌을 받으면서 엉덩이 힘으로 밀어 올라온다.

- 양쪽 각각 15회 4세트
- 곧게 뻗은 다리가 구부러지지 않게 한다.
- 잉덩이가 밀리지 않게 한나.

와이드 스모 덤벨 데드 리프트

A

다리를 어깨 너비보다 넓게 벌리고 발은 45도 각도로 벌려 선다.

B

무릎과 발 각도를 유지하면서 그대로
엉덩이를 뒤로 뺀다.

엉덩이 아래쪽에 자극을 느끼며
호흡을 내뱉으면서 제자리로 올라온다.

- 20회씩 4세트
- 덤벨 2kg 이상
- 엉덩이를 뒤로 뺄 때 등, 골반이 말리지 않도록 해준다.
- 복부 힘을 유지한다.

와이드 스플릿 스쿼트

A

양발의 폭을 넓게 벌린 런지 준비 자세를 만든다.

B

앞 쪽 다리의 뒷부분이 늘어나는 느낌을 받으면서 앉아준다.

호흡을 내뱉으며 탄성력으로
엉덩이의 자극을 느끼면서 올라온다.

- 양쪽 각각 20회 4세트
- 가동 범위가 너무 크지 않게 조절해 진행한다.

힙 모양별 맞춤 운동 방법
바깥 부분이 빈약한 경우

apple hip

밴드 사이드킥

밴드 와이드스쿼트

밴드 사이드 워크

밴드 파워 힙브릿지

워킹 덤벨 런지

월 홀딩 원레그 데드 리프트

밴드 사이드킥

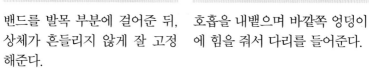

밴드를 발목 부분에 걸어준 뒤, 상체가 흔들리지 않게 잘 고정 해준다.

호흡을 내뱉으며 바깥쪽 엉덩이 에 힘을 줘서 다리를 들어준다.

C

버텨주는 느낌으로 천천히 다리를 내린다.

- 양쪽 각각 25회 4세트
- 허리가 꺾이지 않도록 한다.

밴드 와이드스쿼트

A

밴드를 무릎 부분에 걸어주고 발 끝의 각도는 45도를 유지한 채
어깨 너비 만큼 벌려 자세를 만든다.

B

엉덩이로 바닥을 눌러주듯이 앉는다.

호흡을 내뱉으며 엉덩이에 힘을 줘서
올라간다는 느낌으로 일어선다.

tip

• 20회 4세트
• 상체가 숙여지지 않도록 한다.
• 무릎과 발 끝 방향이 일치하도록 유지한다.

밴드 사이드 워크

A

밴드를 무릎 부분에 걸어주고 발 끝은 11자를 유지한 채로
데드리프트 준비 자세를 취한다.

B

C

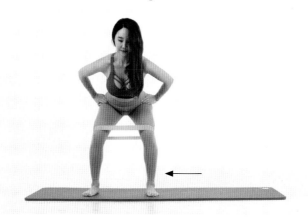

무릎과 발을 같이 움직인다는 느낌을 가지고
한쪽 방향으로 한 발씩 옮겨 이동한다.

- 양쪽 각각 15걸음 4세트
- 발로 바닥을 꾹꾹 누르는 느낌을 유지하며 진행한다.
- 상체 높이를 유지한다.

밴드 파워 힙브릿지

A

밴드를 무릎 부분에 걸어주고 발 끝의 각도는 45도를 유지해
어깨 너비 만큼 벌려서 자세를 만든다.

B

발과 팔꿈치로 바닥을 누르듯이 힘을 주고 호흡을 내뱉으며
엉덩이를 쥐어짜듯 올려준다.

C

버텨주는 느낌으로 천천히 엉덩이를 내려준 뒤 반복한다.

- 25회 4세트
- 발과 엉덩이의 간격이 많이 멀어지지 않게 해준다.
- 허리가 과하게 꺾이지 않도록 한다.

워킹 덤벨 런지

A

가슴을 펴고 상체를 세워 자세를 만든다.

B

앞으로 전진하듯이 한쪽 발을 내디디며 앉아준다.

호흡을 내뱉으며 발로 바닥을 밀어내는 느낌으로 제자리로 돌아온다.

- 양쪽 15회씩 4세트
- 덤벨 2kg 이상, 무릎이 모이지 않도록 주의한다.

월 홀딩 원레그 데드 리프트

A	B

한 발은 벽에 대고 다른 발은 땅을 디디며 데드리프트 자세를 취한다. 이때 발바닥으로 바닥을 눌러 엉덩이에 힘이 들어가게 해준다.

호흡을 내뱉으며 엉덩이에 힘을 주고 상체를 세워준다.

C

- 양쪽 각각 20회 4세트
- 무릎이 뒤로 쏠리지 않게 해준다.
- 허리에 힘이 많이 들어가지 않도록 주의한다.

버텨주는 느낌으로 천천히 제자리로 돌아온다.

힙 모양별 맞춤 운동 방법
안쪽 부분이 빈약한 경우

apple hip

내로우 볼 스쿼트

내로우 볼 힙브릿지

내로우 볼 굿모닝 엑서사이즈

내로우 볼 스쿼트

A

볼을 무릎 사이에 끼워 자세를 잡는다.

B

그대로 바닥을 누르듯이 최대한 앉는다.

무릎 사이에 끼운 볼을 터트릴 듯이
엉덩이 안쪽에 힘을 주고
호흡을 내뱉으며 일어난다.

- 20회 4세트
- 상체를 고정한나.

내로우 볼 힙브릿지

볼을 무릎 사이에 끼우고 발 끝은 11자를 만들어 자세를 잡는다.

발과 팔꿈치로 바닥을 누르듯이 힘을 주고 호흡을 내뱉으며
허벅지 안쪽과 엉덩이를 쥐어짜듯이 올려준다.

C

호흡을 내뱉으며 힘을 풀지 말고
다시 위로 엉덩이를 조이면서 올라간다.

- 25회 4세트
- 허리가 꺾이지 않게 한다.

내로우 볼 굿모닝 엑서사이즈

A

볼을 무릎 사이에 끼우고 자세를 잡는다.

B

뒤 공간을 밀어낸다는 느낌으로 엉덩이를 빼준다.

C

호흡을 크게 내쉬며 복부에 힘을 주고 원래 자세로 돌아온다.

• 20회 4세트
• 발이 지면에서 떨어지지 않도록 한다.

힙 모양별 맞춤 운동 방법
눌려 있는 느낌으로 푹 꺼진 경우

apple hip

중량을 추가한 운동이 있으므로
이전 파트의 운동을 충분히 숙지한 뒤
진행하도록 한다.

케틀벨 굿모닝 & 스쿼트
원레그 힙브릿지 & 와이드 힙브릿지
케틀벨 런지 + 케틀벨 스모 데드리프트

케틀벨 굿모닝 & 스쿼트

케틀벨 굿모닝 진행 → 짧은 휴식 (15초 이내) → 스쿼트 진행
총 4세트

---------------------------------- A ----------------------------------

케틀벨을 꽉 잡고 가슴을 펴서 상체를 고정하고 다리를
어깨 너비만큼 벌리고 선다. (굿모닝 운동 참고)

• 케틀벨 6kg 이상
• 무게가 있으므로 팔과 복부에 힘을 풀지 않도록 한다.
• 등/ 골반이 말리지 않도록 한다.
• 20회

B

팔은 편 상태로 뒤 공간을 밀어낸다는 느낌으로 엉덩이를 빼준다.

C

호흡을 크게 내쉬며 복부에 힘을 줘서
원래 자세의 3분의 2 정도만 돌아와 반복한다.

케틀벨을 꽉 잡고 가슴을 펴서 상체를 고정한다.

- 케틀벨 6kg 이상
- 무릎이랑 발이 같은 방향을 보게끔 힘을 유지한다.
- 등/골반이 말리지 않도록 한다.
- 20회

무릎을 약간 벌려준다는 느낌으로 그대로 바닥을 찍듯이 앉아준다.

호흡을 내뱉으며 3분의 2만 올라온 뒤 반복한다.

원레그 힙브릿지 & 와이드 힙브릿지

원레그 힙브릿지 진행 → 짧은 휴식 (15초 이내) → 와이드 힙브릿지 진행 / 총 4세트

─────── A ───────

한쪽 다리를 위로 뻗어 힙 브릿지 자세를 만들어준다.

• 양쪽 각각 15회

발과 팔꿈치로 바닥을 누르듯이 힘을 주고
호흡을 내뱉으며 엉덩이를 쥐어짜듯이 올려준다.

C

버텨주는 느낌으로 천천히 엉덩이를 내려준 뒤 반복한다.

보폭을 넓게 벌려 힙브릿지 자세를 만든다.

발과 팔꿈치로 바닥을 누르듯이 힘을 주고 호흡을 내뱉으며
엉덩이를 쥐어짜듯이 올려준다.

C

버텨주는 느낌으로 천천히 엉덩이를 5cm 정도만 내려준 뒤 반복한다.

- 다리에 쥐가 나지 않을 정도로만 보폭을 벌린다.
- 허리가 꺾이지 않게 복부에도 힘을 유지한다.
- 20회

케틀벨 런지 + 케틀벨 스모 데드리프트

케틀벨 런지 진행 → 짧은 휴식(15초 이내) → 케틀벨 스모 데드
리프트 / 총 4세트

———————————————— A ————————————————

케틀벨을 가슴팍에 위치시키고 상체를 펴 자세를 잡는다.

- 케틀벨 6kg 이상
- 발 바닥 전체가 지면과 닿도록 한다.
- 양쪽 각각 10회

B

앞발과 뒷발 사이 간격을
어깨 넓이보다 넓게 위치시킨 뒤 앉아준다.

C

호흡을 내뱉으며 발바닥으로 바닥을 짓이긴다는 느낌으로
밀면서 올라온다.

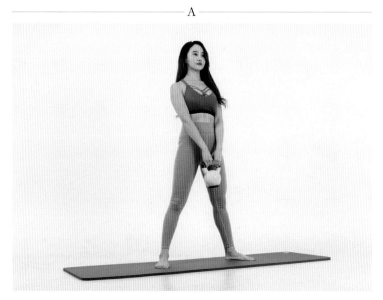

케틀벨을 꽉 잡은 상태로 상체를 펴고 보폭을 벌려 자세를 잡는다.

엉덩이를 뒤로 빼면서 누르듯이 앉아준다.

호흡을 내뱉으며 발바닥과 엉덩이에 동시에
힘을 주면서 상체를 올려준다.

- 케틀벨 6kg 이상
- 무릎이 안으로 모이지 않도록 한다.
- 20회

힙 모양별 맞춤 운동 방법
윗부분이 빈약한 경우

apple hip

빠른 속도를 이용한 운동 방법으로
동작을 충분히 숙지한 뒤에 하면
더 큰 효과를 볼 수 있다.

사이드킥 + 백킥
케틀벨 싱글 레그 데드리프트
케틀벨 힙브릿지 + 케틀벨 스퀴즈 스쿼트

사이드킥 진행 → 짧은 휴식 (15초 이내) → 백킥 진행 / 총 4세트

A

B

벽을 짚고 그대로 서서 한쪽 다리를 뒤로 뻗어준다.

호흡을 내뱉으며 뒤로 뻗은 다리를 엉덩이 근육을 조이는 느낌으로 들어준다.

_____ C _____

• 허리가 과하게 꺾이지 않도록 한다.
• 양쪽 각각 15회

다리를 천천히 내렸다가 빠르게
올리면서 강하게 수축하는 식으
로 반복한다.

A	B

벽을 짚고 복부에 힘을 주어 자
세를 만든다.

호흡을 내뱉으며 한쪽 다리를 들어 발
뒤꿈치로 허공을 밀어낸다는 느낌으
로 강하게 차올린다.

C

- 허리가 과하게 꺾이지 않도록 한다.
- 양쪽 각각 15회

천천히 내렸다가 엉덩이 힘을
풀지 않고 빠르게 동작을 반복
한다.

케틀벨 싱글 레그 데드리프트

한 손에 케틀벨을 쥐고 상체를 세워준다.

한쪽 다리는 몸을 지지하고 반대쪽 다리는 중심을 잡아주면서
데드리프트 자세를 취한다.

호흡을 내뱉으며 빠르게 일어나 반복한다.

- 케틀벨 6kg 이상
- 케틀벨을 쥔 반대쪽 엉덩이가 타깃 부위다.
- 무릎이 모이지 않도록 주의한다.
- 양쪽 긱긱 15회 4세드

케틀벨 힙브릿지 + 케틀벨 스퀴즈 스쿼트

케틀벨 힙브릿지 진행 → 짧은 휴식 (15초 이내) → 케틀벨 스퀴
즈 스쿼트 진행 / 총 4세트

—————————————— A ——————————————

골반 앞쪽에 케틀벨을 올리고 힙브릿지 자세를 취한다.

—————————————— B ——————————————

케틀벨 무게의 저항을 느끼면서 천천히 내려간다.

바닥에 닿자마자 호흡을 내뱉으며
엉덩이를 빠르게 수축해 올려준다.

- 케틀벨 6kg 이상
- 케틀벨을 양손으로 잘 고정해준다.
- 복부에 힘을 유지한다.
- 20회

양손으로 케틀벨을 잡고 상체를 펴
스쿼트 자세를 만든다.

엉덩이로 바닥을 찍어누르는 느낌으로
절반만 앉는다.

C

호흡을 내뱉으며 발바닥과 엉덩이에 동시에 힘을 주고 강하게
엉덩이를 쥐어짜면서 일어난다.

- 케틀벨 6kg 이상
- 무릎과 발 끝이 같은 방향을 보게끔 유지한다.
- 20회

★ APPLE HIP PART ★
06

셀룰라이트 없는
매끈한 애플힙을 위한 **전신 운동**

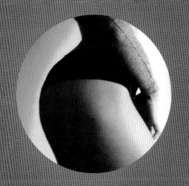

매끈한 다리라인, 11자 복근, 섹시한 등 라인이 있다면
탄탄한 애플힙을 더욱 더 부각시킬 수 있다.
앞서 진행한 힙 운동과 함께
몇 가지 운동을 추가해 멋진 몸매를 만들고 유지해보자!

매끈한 애플힙을 위한 전신 운동
마운틴 클라이밍

apple hip

A

어깨와 손이 수직이 되도록 엎드려
머리부터 발끝까지 일직선을 유지한다.

자세를 유지한 채로 호흡을 내뱉으며 가슴 쪽으로
한쪽 무릎을 끌어당긴다. 발을 번갈아 가면서 빠르게 반복한다.

• 20초 반복 4세트

매끈한 애플힙을 위한 전신 운동
플랭크

A. 바닥에 무릎을 대고 어깨와 팔꿈치가 수직이 되게 엎드린다.

B. 발가락에 힘을 주면서 엉덩이를 들어 머리-등-엉덩이를 일직선으로 유지한다.

C. 호흡을 뱉으며 복부를 허리 쪽으로 붙인다는 느낌으로 계속 힘을 유지한다.

• 자세를 유지하기 힘들 경우 무릎을 바닥에 대고 진행한다.
• 20초 유지 4세트

매끈한 애플힙을 위한 전신 운동
레그레이즈

다리는 펴준 상태로 살짝 들어올린다.

호흡을 뱉으며 허리가 바닥에서 떨어지지 않게 유지하면서
다리를 끌어당겨준다. 호흡을 마시며 천천히 내려간다.

• 허리에 통증이 오지 않을 정도로만 범위를 잡는다.
• 15회 반복 4세트

매끈한 애플힙을 위한 전신 운동
플랫 업앤다운

양손을 머리 뒤에 두고 엎드린다.

호흡을 뱉으며 가슴을 내밀면서 날개 뼈를 모아주는 느낌으로
팔꿈치를 당겨준다. 호흡을 마시며 천천히 내려간 뒤 반복한다.

- 15회 반복 4세트
- 허리가 과도하게 꺾이지 않도록 한다.
- 턱을 들지 않는다.

매끈한 애플힙을 위한 전신 운동
암 워킹

apple hip

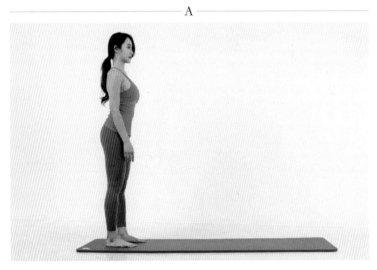

다리는 어깨 너비로 벌리고 정면을 본다.

손으로 바닥을 짚으면서 엎드린 자세까지 만든다.

반대로 이동하여 원래 자세로 돌아온 뒤 호흡을 크게 내뱉는다.

- 10회 반복 4세트
- 엎드린 자세에서 허리가 꺾이지 않도록 한다.

매끈한 애플힙을 위한 전신 운동
사이드 스텝

A

중심을 가운데 두고 한 쪽 다리를 뻗어주면서 반대 손으로 발을
터치한다.

B

호흡을 강하게 내뱉으며 좌우로 번갈아 가면서 반복한다.

• 20초 반복 4세트

매끈한 애플힙을 위한 전신 운동
니푸시업

apple hip

양손을 어깨 너비로 벌려 벽에 놓는다.

호흡을 들이마시며 팔꿈치를 접어 내려간다.

호흡을 뱉으며 손바닥으로 밀면서 올라온다.

• 10회 반복 4세트

매끈한 애플힙을 위한 전신 운동
트위스트 크런치

편하게 누워 양손으로 머리를 받쳐준 다음
허리가 바닥에서 떨어지지 않도록 유지하고
팔꿈치와 반대쪽 무릎이 닿는다는 느낌으로 상체를 들어준다.

호흡은 편하게 하면서 번갈아 반복한다.

• 목에 힘이 들어가지 않도록 잘 받쳐준다.

매끈한 애플힙을 위한 전신 운동
크로스잭

apple hip

A. 다리를 어깨넓이로 벌리고 양팔을 좌우로 뻗어준다.

B. 점프하면서 두손과 두팔을 크로스 해준다.

C. 점프하면서 원래 위치로 돌아온 뒤, 다시 점프해 크로스를 만들어준다.

• 손과 발 위치를 헷갈리지않게 번갈아가며 동작을 수행한다.
• 25회 4세트

애플힙을 가지면
인생이 달라진다

여러분, 『여자는 애플힙』 어땠는가? 시작하기 전과 후가 많이 달라졌는가?

엉덩이의 근육을 의식하면서 운동해 온 사람이라면 몸의 기능성이 증가한 것을 실감하기 시작했을 것이다.

아직 큰 변화를 느끼고 있지 못한 사람은 적어도 그동안 잠자고 있던 엉덩이 근육은 깨웠을 것이다. 책을 한 번 따라 하고 덮는다면 근육이 유지될 수 없다. 이왕 깨운 근육을 더 건강하고 예쁘게 키우고 싶다면 다시 첫 페이지로 돌아가서 더 자극되도록 횟수를 증가하거나 밴드 위치를 바꾸거나, 휴식 시간을 더 짧게 하거나 물이 가득 찬 페트병을 가지고 중량을 늘린다거나, 스스로 응용해서 꼭 본인의 몸에 맞는 아름다운 애플힙을 손에 넣기 바란다!

점점 차오르는 엉덩이 근육과 아름다워지는 바디라인을 보면서 이상적인 바디라인 메이킹을 실현해나가자!

우리 몸은 죽을 때까지 가꾸면서 사랑해줘야 하는 아주 소중하고 중요한 존재다.

다른 사람과 비교하지 말고 바뀌어가는 나를 즐기면서 다같이 힘내자!

최유진

apple hip